知识的大苹果 小苹果丛书
Les Éditions Le Pommier

U0781254

我们真的可以测量智力吗

Peut-on mesurer l'intelligence?

[法] 西尔维·科荣 著

何素珍 译

上海科学技术文献出版社
Shanghai Scientific and Technological Literature Press

目　录

我为什么想咬苹果

苹果核心

研究方向

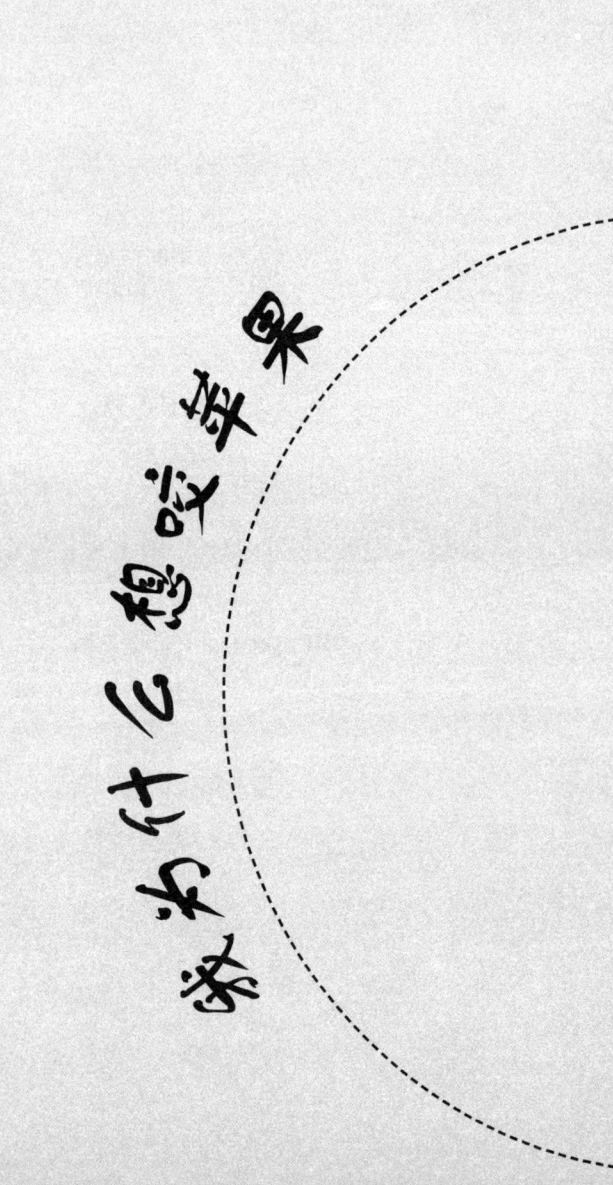

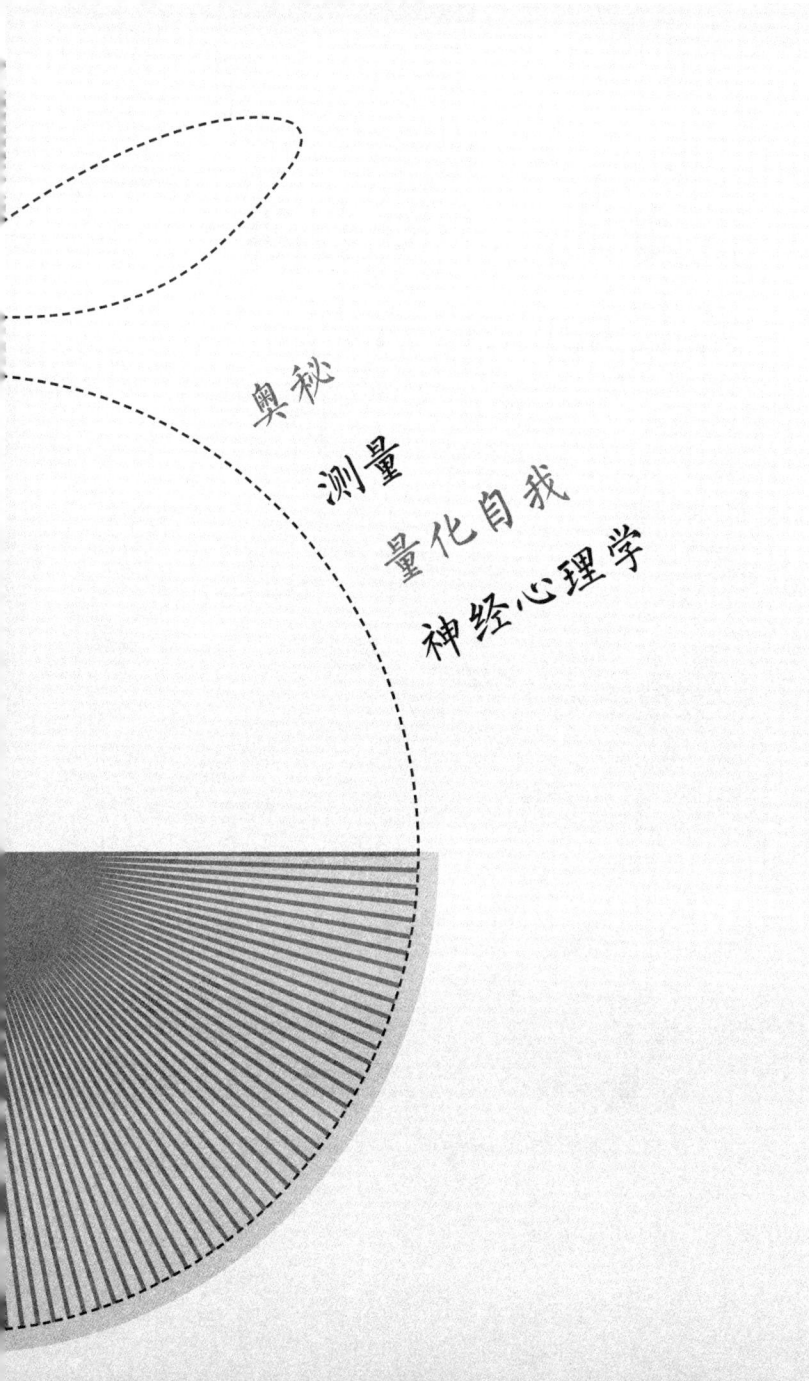

奥秘

测量

量化自我

神经心理学

智力是一个既有趣又有疑问的话题

现如今，我们通常把智力定义为个人在解决问题或者适应新环境能获得、使用或者运用知识的能力，但是绝大部分研究者一致认为我们其实一直都不了解"智力"一词所包含的含义。

尽管一个世纪以来心理学家都难以给智力下一个定义，但他们也曾经尝试去测试智力。他们最初的目的是为了区分智力障碍，让人们可以把智障小孩与精神病人区分开来，并建议给这些小孩提供特殊教育。这些做法推动人们开始对智力进行测试，也就是测量人的智商。这种做法不是为了给智力下个定义，而是推进可以用来测量智力的测试，当然这也与哲学家的看法有关。在若干世纪的过程中，他们用不同的表述指明直接意识到智力活动是有困难的，他们还指出我们只有通过他们的测试结果才能研究智力。

相反地，认知神经科学尝试描述不同的认知程序和大脑结构，借助模型和模拟，尤其是借助人工智能的发展来着手分析智力的概念。

如今，我们面对这样一种情况，一些智力测试是在认知神经科学尚处在开始阶段的背景下开展起来的，因此这门科学既不能为智力测试提供理论框架，也不能提供能论证人们智力模式的神经解剖学方面的基础知识。我们都知道，在如今这样一个智力测量迅速发展且应用到像医学诊断、学业方向、职场招聘等各领域的社会中，这种情况会产生问题。

因而，这本书试图回答以下几个问题：什么叫智力？我们为什么要测量它，怎么测量？这样，我们最后可以创建新的智力概念和评估智力的新方式吗？

但是在回答这些问题前，我们先侧重探讨一下人类为什么热衷于测量自己的各项能力。在智力领域，科学家们一直认为，一个概念性理论框架的构建应该直接来自我们测量智力的能力，所以这种探讨就更有必要了。这也是为什么人类对智力测验一直感兴趣。

人与测量

以前，人们大致使用了两种互补的研究角度来指导发展智力测验：一是找到能解读心理机能标准的意愿，二是对测量的兴趣。对心理机能解读的兴趣可以追溯到早期曾尝试对通过外形或者生物观察确定某种心理特点下定义的哲学家(外形研究成为形态心理学的起源；生物观察研究就成为液体——血液、胆汁等研究的开端)。希腊哲学家兼数学家毕达哥拉斯（Pythagore）在公元前500年只引用了这些著名研究中的一部分，然后根据脸部研究创建了一

套行为理论。希腊医生加连（Galien）在公元 2
世纪提出了一套建立在希波克拉底"体液学说"
上的描述四种气质的理论。尽管这套理论以之
前的理论——我们的情绪取决于气质（准确地
来说，就是流淌在我们身体内的液体）——为
依据，但却作为权威理论一直盛行至 19 世纪。
这种想把人类心理机能特点化的想法其实结合
了物理学和测量兴趣这两个方面。测量一直都
是人类认识和控制这个世界的一种方式。测量
智力最初是出于商业目的，现在延伸至人类领
域的各个方面，因为它涉及整个物质世界，也
包括人类自己。如果说人类最初的几次测量只
是纯粹的生物学上的测量，只涉及物质方面，
那么从 19 世纪开始，智力测验就涉及精神层面
的机能。在这种背景下，于 1781 年出生的德国

医生兼精神解剖学家弗兰茨·约瑟夫·加尔（Franc Joseph Gall）发展了一种建立在对大脑形态观察基础上的理论。作为至今仍然被否认的大脑皮层功能定位理论的创始人，加尔认为大脑的每一部分都支配着对应的智力机能。他推导出，一种机能越有效能，比如计算能力，对应的大脑区域就越发达，这部分大脑沟回就越多，这样就使得颅骨向外扩。他把这种科学称为颅形学，后来发展成骨相学，也就是说这是一种可以根据颅骨的沟回反映一个人智力特点的理论。大家可以这样认为，在这样的社会背景下，开始一种不是建立在对躯体形态某些方面的测量，而是建立在运用认知能力完成任务的表现上对智力进行测量，在那个时代也算是一种进步。这种测量还可以弱化只侧重外形的判别。但是必须要注意的是不管是骨相学还是心理测验都催生了一些重大的研究领域，比如用这些测验来区分种族、宗教和社会等级等等。

完全具有现实意义的质问

在如今的社会中，我们为什么要思考智力测量这个问题呢？首先，作为认知学研究者或者神经心理科医生，我们有必要思考智力的本来属性，这就好比这是与智力测量有关问题的一个基础。我们也有必要思考近几十年的各种研究，这样可以帮助我们弄清认知程序和大脑基本结构。根据最新的神经学研究成果，我们定义智力概念的方式已经发生改变吗？如果已经变化了，那我们是否还需要继续使用这些已有的智力测试呢？因为这些测试必然是在不同的智力概念设计下指导测试的。

另外，在我们如今的社会中，对任何事物都想进行测量的现象无处不在。"量化自我"这一词正反映了这种来源于美国对一切进行测量的倾向：比如每天消耗多少卡路里，每天走多少路程，体重、血压、心跳多少，每天睡多少小时，心理状态是悲伤或者舒适等等。不仅仅是想对一切进行量化和记录的想法吸引越来越多的人来做这些测量，还有科技工具的发展，像智能手机也变成有智力的，它们可以让人们完成各种测量并且储存测量结果，而且使用这些工具也越来越容易，价钱也适中。任何人都还不知道这些测量有什么用处，但是如今看来，完成这些测量并为了一些有益用途记录下这些数据显得前所未有的重要。测量的对象可以是一些大家喜欢的对象，而如果这些对象是复合形式的话，那就很容易对所有一切做出区分。现在和加尔那个年代一样，研究者都坚持把认知功能和大脑结构联系起来，这个关联甚至是整个神经心理学的研究对象。需要注意的是,这个受追捧的科研目标不能在社会层面产生偏差,这种偏差不仅指对测量有强迫心理,还与研究对象(这里指的是智力),或者与智力直接影响有关的偏差。这里的直接影响就是智力比较,评价甚至是区别。

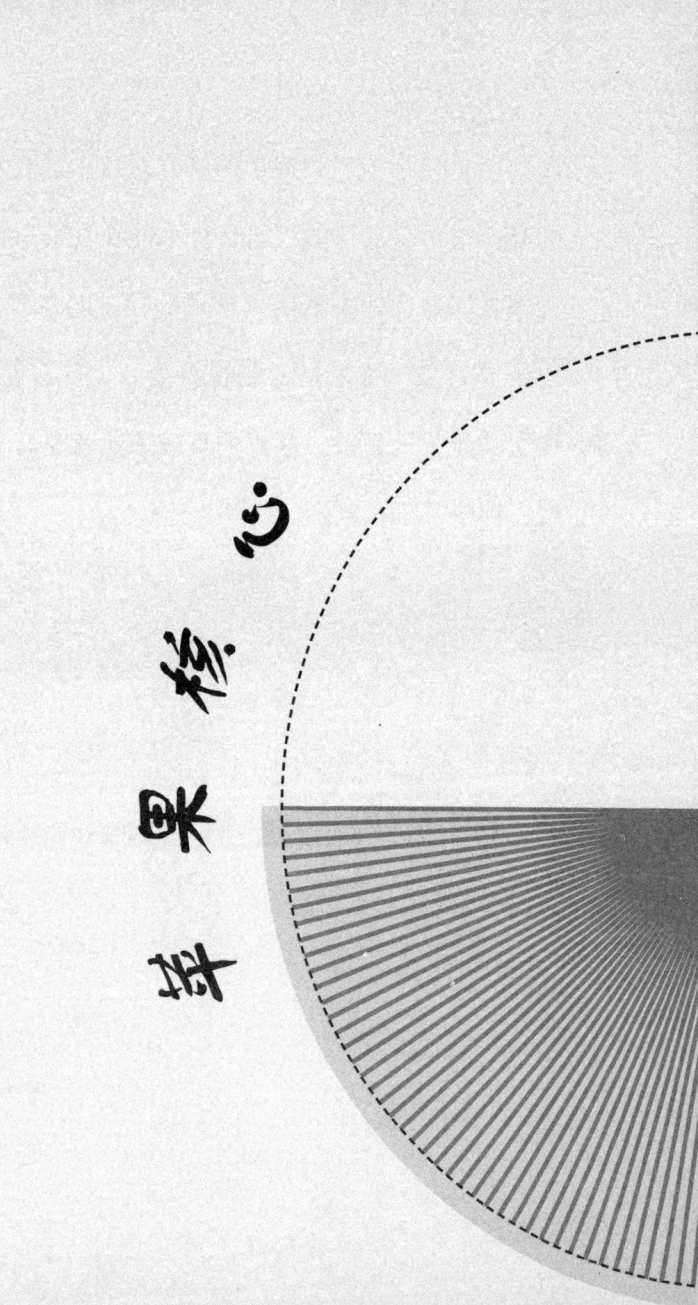

人类特性

个体间的差异

天生拥有与后天获得

环境

智力心理学

　　智力是什么？在不同时期，定义不同。智力的定义很大程度受社会环境的影响，因此，智力的定义是从相关心理学理论中得出来的。

　　通常，智力概念的定义有三层含义：智力有个体差异；智力这种能力指为某一问题提出合适独特的解决方案；也因此，这种有智慧的解决方案与凭本能、探索或者习惯得出的解决方案不同。

　　显然，这三层含义包含了个体差异和本能差异的概念，本能是动物的特性，而相反地，智力则是人类的特性。之后我们会分析这些决定智力概念和智力测量的前提条件。通常，"智力"一词的定义有多种。从指获得新知识的能力到指适应环境的能力或指抽象推理的能力，甚至是指解决新问题或复杂问题的能力。确实，大家可以这样认为，智力既指创造力、技能、理解力和适应力，又指判断力。它也参与心理活动。从某种概念角度出发，智力可以被看做一种一元能力或想法，被看做难以与其他包括感知、关注和记忆在内的认知程序区分开来的能力总和。

另外，难以给智力下定义常常也是因为它性质太广，太复杂，难以与其他我们想要对智力进行测量的程序区别开来。如今看来，智力不仅仅局限在人类身上，还可以应用在数学模型、信息技术模型、机器人或者机器上，这样就更难以定义智力了。现在还有智能房和智能车，以及有智慧能预测的章鱼或者其他动物。我们还谈论集体智慧。另外，我们其他的能力也可以看作智力的不同面。因而，还涉及社会智慧、经济智慧、情感智慧、公关智慧、人文智慧、直觉智慧和法律智慧等等。智力可以应用在各个不同的领域，因而我们无法一一列举出来。看来，我们必须要相信我们的智力或者我们整个精神生活中智慧的那一面。

智力是一元的
还是多元的

问"智力是什么"这个问题就意味着智力与其他的认知程序（记忆、言语、关注、感知或者运动）可以区别开来，是能识别的某种固定能力。

　　这个角度的研究不是近些年认知神经系统科学看重的研究。事实上，认知神经学的研究曾尝试辨别由确切的某一些大脑区域控制的特定认知程序，但是却还不足以证明像智力这样笼统的与机能神经解剖有关的存在。我们对用于构建所看到事物复现表象的确定认知模型的认识比我们使用这些复现表象解决一系列问题的能力更有成果。另外，这种对认知程序的模块化设想，也是和"智力"这一术语的广泛使用有关。不使用"智力"这一词来指"高机能"或者"认知程序"可以让大家集中关注综合能力，个体年纪背景不同，这些综合能力表现形式和表现程度有差异。可以这样认为，一个婴儿抓取使用工具表现出的智力可能与一位国家元首开展一次微妙的外交会晤或是个人为解决一台机器出现的问题而运用能力表现出的智力是没什么可比性的，况且现在我们还谈论人工智能。尽管最初智力概念坚持认为，智力是能被测量的能力，但近 50 年的认知神经科学研究更愿意去描述这一整个参与被我们称之为"智力"的高水平运作程序，但是这种描述是不会明确解释这个概念所包含的意思。

智力是单一的能力还是多种能力的集合？

首先，如果我们把智力看成人类特有的将人类与动物区分的一种普通能力，那么不同个体间的智力对比就能很快得出人类智力的概念定义就是能把人加以区分的各种能力的集合。关于智力是一种单一的能力还是能力的集合的争论一直都

很热门。这种争论持续发酵，还因为我们在提出
测量智力的测验类型这个问题的时候，要考虑到
评估智力的工具的使用和构建，另外，对大脑结
构的研究也让这个争论变得更热烈。事实上，难
道我们需要任何与智力有关的一个或多个领域
吗？还是我们应该把智力的大脑结构完全对应地
看成是某种智力才能的类型？

作为坚决捍卫智力是一种一元数量或者概
念的研究者之一，20世纪英国心理学家兼教育
家伯特（Burt）提出了一种观点，他认为智力
是作用于所有活动的能力总和。这种能力可以
在任何智力活动中得到体现，不管这种智力活
动是抽象的（比如思维），还是具体的（比如行
动）。20世纪美国心理学家韦克斯勒（Wechsler）
（我们之后会再次提起他）和伯特观点一致，他

认为智力是个人行动有目的，思维合理，应付环境有效的全面才能。在这种认为智力是统一的概念中，智力的定义走向了一个极端，智力被看做我们精神生活的精华，保证解决问题时完成各种任务。1863 年出生于英国的心理学家兼统计学家查尔斯·斯皮尔曼（Charles Spearman）坚持认为智力是一种单一的因素，它是不同智力任务测验结果的依据。斯皮尔曼预先考虑是否存在一些测验组，它们的测验结果之间的关联多于与其他组的关联，他通过这种方式进行了因素分析，这种分析是建立在最初用来研究智力结构的统计分析之上。因此，斯皮尔曼提出了一种假设，存在 g 因素（g 代表普通因素），这是唯一一个影响我们大多数智力测验表现的普通才能因素，还有很多可以说是影响范围"狭窄"只与某些任务类型有关的因素。因而，因素分析的前提条件是，如果不同测试的测验结果有关联，这意味着这些测验在一定程度上测验的是同一种能力。鉴于此，斯皮尔曼提出了智商测试测的是隐藏在普通智力下的唯一程序。相反地，出生于 1887 年的美国心理学家路易斯 · 利昂 · 瑟斯顿（Louis Leon Thurston）则认为，智力应该被看做相对独立的无数认知机能。他也使用了因素分析，但是从理论角度看，他的观点与斯皮尔曼是相对的。他提出，只有测验同一能力的测试间才有正相关，但是也存在彼此间无关联的智力才能。尽管皮尔斯曼使用了同样的智力测验统计分析原则，但是他仍坚持认为智力是一元的数量或概念，而瑟斯顿却提倡存在一种包括被我们称之为"智力"在内的认知能力的集合。

另外，在整个 19 世纪和 20 世纪，一些研究者提出智力是完全抽象的，还有一些人，更多是现代的研究者，比如生于 1943 年的美国发展心理学家霍华德·伊尔·加德纳（Howard Earl Gardner）则把智力看成一种更具体的才能，包括在音乐、社交、人际、物质或者甚至是情感上的智慧。

就如我们看到的一样，认知学的发展强调了大脑是一个模块结构，每个模块管理一种专门的功能。我们可以想象，这种研究角度更加强调了认知功能间是独立特定的。因而，大量的研究都是侧重突出一般认知程序之间的差别（比如阅读与计算），或者是特定的认知程序间的差别（比如阅读已有的文字和阅读不存在的文字），另外，不管是形态上的还是功能上的大脑成像都进一步强化了这一观点——某些大脑区域专门控制某些特殊的认知程序，比如在视觉识别文字的时候，大脑某块区域就被激活了，而在识别物品的时候，另一区域就会优先被激活。这一理论和现在的涉及全部心理活动的智力多元论不谋而合，从这一理论推导出情感智力、社交智力、政治智力、经济智力等等。尽管如此，我们还会发现，关于智力是一元的能力还是多种能力的总和的争辩没有结束，并且这种争辩因为大脑皮层厚度与智力普通因素之间关联的神经成像研究更是持续不断。相关的研究方法在变化，但是关于这些的讨论却没有变。

智力是一种先天拥有的能力还是后天获得的能力？

除了讨论智力的属性外，科学家还曾围绕智力的起源是先天形成还是后天获得进行过讨论，而且很激烈。会有这样的讨论，一定程度上是因为从政治、社会和教育角度出发得出的看法不同。

伯特（Burt）认为，智力除了是一种一元机能，还是天生就拥有的能力。因而，智力缺陷就不能归结为人们在教育方面的不足，或者说知识缺乏，甚至从更大层面上来说归结为身体结构上的某种紊乱（感知或运动方面）。在整个 19 世纪和 20 世纪，我们看到，人们倾向于把智力看成一元且先天拥有的能力。这种概念趋势受科学快速发展的影响，尤其是基因学的发展。这种研究不仅在美国盛行，还在法国流行，左拉甚至在他的小说《卢贡·马卡尔家族》里描述了家族的心理障碍、酗酒和犯罪倾向会通过基因遗传给好几代人。

我们能想到这种研究对社会产生极其不好的影响，还可能会产生基因种族偏差的看法。与此同时，还发展了一种不同的研究——环境对智力的影响。在这种理论的支撑下，近50年来各种研究者指出，人从很小的时候起，并非所有因素对智力起到决定性的作用。但是来自环境条件差的小孩和在社会文化较好的环境下成长的小孩在智商发展变化方面差别明显。

关于智力是天生故智力效能永久不变还是智力是后天培养获得故会因为环境教育而改变

的争论，让这种讨论显得更重要了。因而，这种争论产生的社会影响在人们的文化准入和教育方面就很大。以智力是天生遗传为依据的研究使人们更关注智力才能，更有甚者反对智商最低者接受教育。

如果一开始测量智力的目的不是按智力来区分人的话，这种争论就没有什么意义。除了讨论过智力的属性——一元的还是多样的，我们也讨论过这个问题。最初，实际上智力被看做是一种因人而异的能力。在关注智力测量问题前，有必要着重讨论一下智力才能与个体对比间不可分割的联系，个体对比对最初智力效能测试的出现产生了宽泛的影响。

智力才能与个体差异

心理学家们无法用正确的方式定义智力，他们尝试用比较的范式，通过考虑个体在运用认知能力完成任务中取得的成败来定义智力。

当我们说一个人聪明的时候，是评判他头脑运转的水平及他在解决问题时发挥的最大能力。因而，我们立马就会发现对智力心理学探索的历史与个体差异的概念密不可分。

这种坚持关注相对于团体的个体能力，与标准的概念有关，与平均能力的概念和与平均能力差的概念有关，还有这种坚持完全超过了一些对人类智力一般属性和人类智力程序的研究，当然，不管这种程序的特点是感知的、运动的还是文化上的。正好相反，这些研究侧重明确那些在智力上能区分个体的方方面面，同时强调智力对比和智力评估的角度。另外，需要注意到智力才能对个人的影响，评价一个人聪明或者说比另一个人聪明或者没那么聪明这都是一种沉重的结论评价。我们之后会看到即使一些试图为智力效能寻求生物学依据的研究并没有提供什么信息，像这类评价产生的影响还是很大的，以至于人们会把一个人在社会上的成功归因于一个人的智力。

生物因素与智力效能

一开始，人们做智力和智力测量方式的研究是试图了解智力效能是否与物理变量有关，比如年龄因素以外的身高和体重。一般人们都认为这种关联是负相关，也就是说那些智商高的人，身体没那么强壮，因为他们身体条件没那么好。而这个领域的研究结果却与这种假设背道而驰，它们证明智力测量与身高体重关联性较弱，但是意义重大。这种意义表现为家庭和社会条件会以类似的方式对外形和智力刺激产生影响。

同样地，这些研究可以应用到被认为是管

理智力的器官——大脑的研究上。直到现在，研究者还是不停地研究，想理清楚大脑形态（重量、大小、形状、回沟数量）和智力才能的关联。最初的研究是对不同人群或者群种的大脑重量进行比较，可是这些研究因为没有考虑到身体的重量所以很快被放弃了。现在，有一点似乎是明确的，就是大脑的重量和全身的重量有关，因为这一点，大家自然认为男性的头比女性的头重，所以男性要聪明些。女性可能需要向鲸鱼和大象致敬了。实际上，尽管这些动物的脑袋要比人类的大脑重，但从来没有人敢说鲸鱼或者大象的智力才能高于人类。

现在大家认为，大脑的重量应该与身体的重量有关系，但是这不是全部：**全身的重量，身体各个组成器官的重量，这些重量还主要要**

考虑到个体的一般适应能力和个体在环境中所受的限制，而在这种环境中，个体不是不变而是向前发展的。因而，动物身上最发达的器官应该与为了物种生存下去发挥相关功能的重要性有直接关联。对于那些与环境融为一体的物种而言，大量捕获光的感应器可以确保一些动物拥有更好的伪装能力，而这并不是为了让这些动物获得比其他物种更好的视觉。在这种确定的情况下，能解释周围物体如何捕抓和反射光的感光器的数量和大小并不能带来更好的视觉感知。同样地，在人类这个物种内，被看做由基因构成的人体的解剖和相对于人体大脑的身高的研究，这两者给出的数据是相悖的。阿纳托尔·法朗士（Anatole France）和阿尔伯特·爱因斯坦（Albert Einstein）的大脑分别重

1 千克和 1.25 千克，俾斯麦（Bismarck）的大脑超过 1.8 千克，而欧洲人大脑的平均重量为 1.4千克。

如今，这些数据基本不被使用了，但是一些研究者仍然坚持使用目前测量还在用的方法——脑灰质的容量或者大脑褶皱数，也就是脑回沟数（它们可以通过 IRM，即大脑回沟形态造影术进行测量），来研究大脑形态、社会文化水平和智力效能三者间的关系。还有一些研究是关于智力早熟的人在解决问题完成任务过程中大脑活动的特点。这些研究显示出，与智力未早熟成员参与组相比，这些小孩身上体现了不同的智力激活方式，但是对这些研究结果需要进行批判性解读。一方面，要知道智商数和大脑形态特点或者大脑功能特点有某种关联，但是要记住，某种关联并不意味着存在因果关系。还需要注意一点，售出的冰块数和淹死人数间没有因果的关系，但是这两个数字间有某种显著的关联。不仅大脑形态或大脑活动和智商间有关联，智商可能没有任何意义，还有一点就是现在无论如何没法确切地把大脑形态与智力效能关联起来，甚至也没法弄明白在一般情况下，脑器官的形状是否改变了智力效能。实际上，我们可以想象是功能促进了器官的发展，而不是反过来。最近有关功能造影术的研究就证明了这一点。功能造影术揭示了，若干星期的小提琴集中训练后，涉及双手运动的大脑区域的活动性发生了显著的改变。

另外，要记得，事实往往都与我们所以为的相反。如果智力效能高的人脑袋比较大或者大脑激活得更好，那么智力效能高的人就会在解决问题完成任务的过程表现出较高的活跃性。但是，大脑回沟形态造影术却显示是相反的：智力效能高的人不需要调动整个大脑来完成一项复杂的任务，而相反的是，智力效能低的人为了解决同一个问题似乎需要发挥所有的能力，调动整个大脑区域。还要注意，到目前为止还没有一种生物学假设可以解释某一确定年龄的人在智力测验中测出的超过普通水平的智力效能。

因而，我们要警惕我们的直觉，这种直觉可能会引导我们从正相关的角度去思考大脑效能与大脑尺寸的关系。当然，如果从另一个极端来看，一个人出生就无脑畸形，也就是没有大脑，如果他能存活下来，他可能有严重的认知障碍，但是一旦他有个大脑，也不能弄清楚脑机能效能与大脑大小或者体积间有什么样的关联。如果说对大脑形态与智力效能关系加以注意很重要，那是因为这些考虑往往会引导人们给一些人群贴上某种标签，还会让人们认为某些天生不变可遗传的大脑形态能决定某种固定的智力效能。

除了种族原因外，另外一个论据证实了在看待生物学决定论和智商之间的某种固定关系时必须要极其慎重：在某些确定人群身上，随着时间的推移，这种固定关系也会出现变量。这些变量就意味着，仅考虑生物学因素，智力测量的结果是不稳定的，这种测量会被人们所接受的教育和生活方式影响，通常也会受所处的文化影响。

文化因素与智力效能

许多研究者与临床专家都思考过智力分析

和测量方法有什么价值。这些方法只为了阐明智力是纯能力，还是包含了文化环境影响下产生的技能。在美国，当人们无所顾忌地用智力测验的方法来测量不同种族智力的时候，这个问题就被提出来了。对最初测试结果的分析似乎证实了一些关于种族主义论文的观点：某些种族群体平均智商明显低于另一些种族的智商。但后来我们发现，如果把智商最低的群体中的个体放到文化氛围更好的环境中去，从教育和生活水平角度看，他们的智商指数又上升了好几个点。因此，观察到这种差别更多的是与这些群体的生活方式有关，而不是天生能力。整个20世纪和近些年的研究证明了智力效能的测量结果和学业成绩都可能与社会文化水平有关。这种假设暗含两层含义，一方面说明智商具有

遗传性，另一方面说明个体所在的环境对智商
有影响。

这两层含义看起来似乎是对立的，但它们
相互关联，因为我们只有确信能把环境因素的
影响从基因因素中区分出来才可合理地质疑智
商的遗传特性，鉴于测量智商使用的方法，把
它们区分开来几乎是不可能做到。

对在同一个家庭长大和在不同家庭长大的
单卵双胞胎进行智商测量，结果显示两者相近，
这似乎说明了智力效能测试测量的那些方面有
一定的遗传性。确实我们可以这样认为，不同
环境中的个体智商相近只能归结为单卵双胞胎
的基因因素。不管怎样，这里需要明确一下，
一方面这些研究的有效性之后被质疑，另一方
面，即使这些研究可靠，我们也只能排除一点，

就是双胞胎即使分开后他们重新建立一种与本来环境类似的氛围，这种环境本身会影响他们智商的测量。确实，鉴于他们基因因素的相似性，双胞胎可能可以寻求同样的智力刺激类型，即使他们在不同的家庭中长大，他们受环境的影响也可能类似。这些旨在研究智商遗传性的研究并不能确定人们可以用一种完全孤立的方式来研究可以影响智商测量的天生基因因素。

同样地，大量的研究表明环境因素对儿童智商数有直接的影响，但是这种影响随着年龄的增长会越来越小，到18~20岁的时候，这种影响几乎消失。

除了这些从广义上来说影响每个个体智商的环境因素，似乎在家庭内部还有其他的因素，比如一个小孩在家里兄弟姐妹中的位置或者父母对他们小孩智力水平的情绪或情感反应，这个根据环境的制约条件不同，会促进或许抑制小孩的智力向一个更高的水平发展。之后我们还会讨论这个问题。

还有一个论据支持环境因素对智商的影响，就是这种智力测量的不稳定性。这样，环境的变化，尤其是教育或者人际方面的变化（比如搬家，换学校，家庭或者文化环境的变化）都会影响他们智力能力的使用和表达，因而这会给智商带来变量。在法国和其他国家进行的研究表明，移民小孩的智商在几年内会上升十个点，这证明了广义上的环境会改变智力效能测试的结果。同时，很多研究者质疑弗林效应的起源。弗林效应是以其研究者的名字命名，弗林提出智力平均增长的规律，根据在工业国家做的研究结果显示智商每

十年增长 3~7 个点数。因而,在近 75 年的时间里,
工业国家的平均智商增长了 20 个点。首先,面
对这种增长,人们就提出了智力标准规范的问题,
这让临床专家们不得不定期更新他们的智力效能
测试。另外,一些研究者琢磨我们是否有可能变
得更聪明些,如果是,那更多的是我们生活方式
的改变引起了这种增长。实际上我们可以这样认
为,从医学角度,饮食和受教育年限来看,我们
生活条件的改善、女性备孕期和产前产后条件的
改善、家庭规模缩减、家庭和社会教育实践的进
步,还有越来越多快速回答的刺激游戏,都可能
让我们更有能力完成智力量表中的任务。智力的
个体差异要尽可能地让生活在同样社会环境中的
个体来测量,不然可能会有不公平的评价,甚至
会导致种族和等级偏见。

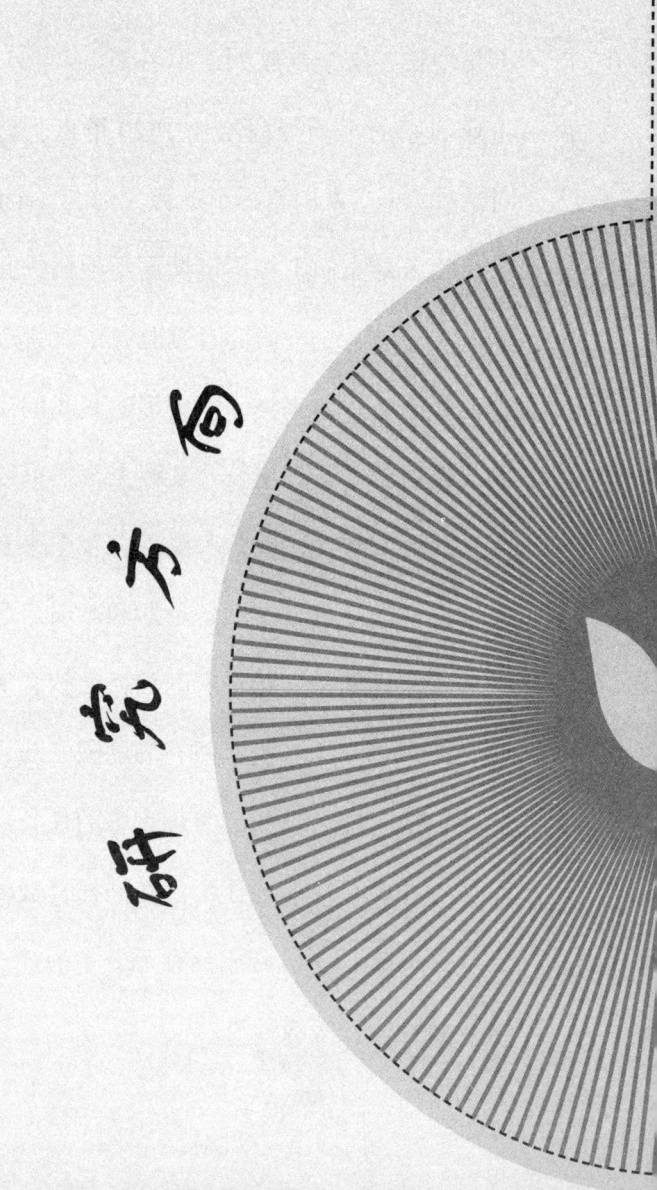

智商

韦克斯勒量表

智力的动态评估

歧视

　　当人们谈智力或者思考某人的智力水平这个问题的时候，都涉及某种一元能力。这种概念和测量概念、规范概念和心智年龄或者智力水平概念一样。但是，就如我们之前分析过的一样，我们很难用单一的方式来看待智力。那么，智力效能测试是什么？

智商是什么

智商的起源是什么?

怎样计算智商?

最常用的智商测试是哪种?

智商，简称 IQ，是德国心理学家威廉·斯特恩在 1912 年提出的概念，指心智年龄和个体生理年龄的比例。

心智年龄指通过测试测量出智力发展到了某一程度。在对测试结果进行标准分类的时候，对每个年龄组的平均测试结果进行统计计算。因而，可以得知每个年龄期待的合格水平。所以，每一个合格水平都对应一个心智年龄。对每一个将接受测试的人来说，可以用心智年龄来体现他的能力。但是心智年龄只对智力发展中的孩子或者对那些智力有重大缺陷的人有用。这是人们引入智商概念的缘由。

智商的计算方式如下：

$$\frac{生理年龄}{心理年龄} \times 100$$

这种测量方法比心理年龄更方便，因而变得更普遍。在成年的年龄，尽管人们不再考虑智力的发展（这就是为什么说心理年龄有不合理的地方），但是个体在智力测试的不同测验中的表现会有差异。因为，我们是根据预先确定好的适用于任何年龄的智商计算表来给分数。总分数对应一些标准，这些标准可以帮助确定与平均水平相比个体的差距。差距是通过统计指数来获得的。在大多数如今用来测量儿童和成年人的测试中，智商都是用这种方法来计算的。

韦克斯勒在世界范围内应用的两个智力量表（韦克斯勒儿童智力量表，简称 WISC，韦克斯勒成人智力，简称 WAIS）以创始者大卫·韦克斯勒的名字命名，在两个表里每个接受这两个测试的个体的测验结果都表征化了。每个人的测量结果都对应一个等级。这些等级是参照年龄组的成绩来划分的。平均分定为100，而测试里100总是对应参照人群的平均值。这说明一个人无论年龄多大，只要他获得100分的标准分，他就得到参照组的平均分值。对个体而言，参照年龄组里有50%的人分数高于100，而另一半的人分数低于100。

因此，尽管我们一直在讲智商，但智力的测量已经不断向前发展了，用韦克斯勒智力量表测验得出的分数不是一个智商指数，而应被看成某一个年龄参照组里的某一等级。这个等级的划分是建立在同一年龄层个体平均分之上，同一年龄层个体来自各个社会文化阶层且能代表这个年龄层的人，其中男女都有。但是这些固定的标准只适用于某一地域某一时期，这一点我们之后还会再提到，因为各种研究表明，在某些确定的人群身上在不同时期，我们或许会看到变化发展。

智力量表或智商测验的起源

弗朗西斯·高里顿（Francis Cousin），查尔斯·达尔文的表弟，是一位科学家，他也是人类学家、探险家、地理学家、发明家、气象学家、遗传学家、统计学家和心理测量学家。可以说他是智力测量史上的一位重要人物。另外，他的研究与达尔文的物竞天择"进化论"接近。确实，高里顿认为在物种成员内部，个体有智力差异。智商才能的这种差异有遗传性，因此，它会由上一代遗传给下一代。他甚至在 1869 年出版了一本著作——《遗传基因》，在该著作里，他证明了这一推断。

就如我们看到的一样，这一研究与智力一元论有密切的联系。该研究指出，智力像其他任何外在或心理的特点一样，由父母遗传给子女。尽管如此，高里顿最初提出的智力测试（这些测试之后被同一时期其他的心理学家使用）主要用来测量一些基本的感知能力，比如：视觉敏锐度、色彩敏感度，还测量反应时间，甚至是力量、大小和重量。高里顿的早期理论，因其带有种族主义和性别歧视的特点而被高度质疑反驳。因此，他的这些理论很快就被大家抛弃了。但是很难说，这种智力理论和智力测量方法如今是否还继续对智力评估，尤其智力测量方面产生影响。

阿尔弗莱德·比奈（Alfred Binet），法国的心理学家和教育学家，他在心理测量领域做出过重大贡献。最初，他设计了一些快速的感知测试，这些测试可以帮助人们了解那些因为有认知障碍无法接受普通教育而必须选择特殊教育的小孩，比奈在他的测试中突出强调了日常生活能力和实用知识。比奈的测试具有决定性意义，因为它将儿童的年龄与他的能力联系起来。测试目的是了解小孩的智力相对他这个年纪预期的智力水平是超前了还是落后了。智力会随着年龄增长，从这一观点出发，比奈设计了一个智力度量等级，里面包含了一些难度不断增加的次测试。这些次测试旨在根据儿童成绩表现给儿童定一个心理年龄。因此，如果一个实际年龄 4 岁的小孩能完成给 5 岁小孩做的测试,那么可以说这个小孩的心理年龄为 5 岁,因此，这些小孩的智力水平可以算超前了。相反地，心理年龄低于实际年龄的儿童就意味着智力落后。我们可以这样认为，这些度量等级就是这些智商测试的起源，心理年龄就是智商概念的原型。

最常使用的智力量表测试

自 20 世纪初以来，有人提出了一些智力量表测试，并被广泛用来测量一种我们还不清楚属性的某种能力。这些测试是通过一些问题来进行的，然而我们并不知道它们实际上到底测试的是什么。

几十年来，个人测试者的各种不同的测验分数，比如视觉、言语、空间和手势等，被用来和某一测验大群体的分数进行对比。这样，人们可以估量各个方面的分数有没有均衡性，甚至之后人们想再次测试这一个体，可以追踪他在不同的时期这些方面的变化发展。

现在有好几种用年龄来区分和用测试的能力类型来划分的智力量表。

这里，我们快速地描述一下韦克斯勒的儿童智力量表和成人智力量表。这两个表在大多数工业国家被广泛应用。除了这两个以外，还有很多智力测试表，有一些只是测试言语能力，比如比诺瓦·皮肖量表，还有一些只测试视觉空间能力，比如雷文模型。这些旨在测试智力的测验，可以计算语言或者空间操作方面的智商。

我们现在所知的这种形式的韦克斯勒智力量表的第一个版本在 1955 年制定，当时他用这个表对 2 000 个体进行了测试。很快这个版本分裂成两个表，一个表是针对 5~16 岁的儿童，另一个表是针对 16~75 岁的成年人。与以前的测量表相反，比如比奈–西蒙量表，韦克斯勒选择了同样的测试，但他却提出了根据年龄来划分不同标准的测量表，因此他放弃了根据年龄参加测试的原则。每个测量表每次测试中的题项适应每个年龄层，并且难度不断增加。因而一个测试是针对 5~16 岁，另一个版本是针对成年人。韦克斯勒的另一个贡献就是改变了智商的计算。之前我们就提到过韦克斯勒智力量表，现在再来对它进行研究也是有用的，韦克斯勒的两个智力量表尽管不断地演变扩增，但一个多世纪以来，这两个表仍然是使用最多的智力量表。韦克斯勒选择按年龄层来进行智力测验

试是为了将某一确定个体的测验得分与根据其所在年龄组个体所得分的平均值推断出这个年龄层理论预期分数的比值，也就是说

$$\frac{实际分值}{理论分值} \times 100$$

这样按年龄划分的测试结果标准分类当然还会有其他影响智商分值的统计参数，比如性别、社会阶层和地域。这样的话，如果个体的智力分值完全等于他所在年龄组的平均值的话，他智商为 100。为了可以确定个体相对于平均值的智商得分情况，韦克斯勒还设置了换算智商得分的标准差。因而，韦克斯勒智力量表（不管是 WAIS 还是 WISC）的智商分值是个体相对于同一个年龄层群体的相对值。

随着智力的定义中不断加入大量不同的认

知能力概念而不再把智力看成单一整体程序，智力测验量表的发展变化就体现在测验的多样化，这样可以测量智力的各个方面。随着时间推移，大家对言语智商达成一个共识，就是把言语能力的测试放到常识、阅读、记忆和推理测试中，而另一个而非言语方面的空间智商或者操作智商测试，它更多的是关于分析、记忆和视觉空间推理程序。在 WAIS–R 表里，有 11 个次测验，其中 6 个测验是言语量表（分别是常识、词汇、理解、算数、类同、背数测验），还有 5 个测验是操作量表（分别是填图、图片排列、积木组合、几何图形和迷津测验）。最新的 WAIS 第四版测量表还增加了一些次测验，用来计算下面四个指数：言语理解指数（简称 ICV），感知推理指数（简称 IRP），工作记忆指数（简称 IMV）和处理速度指数（简称 IVT）。

选择如此各异的测验内容是建立在一种观点之上，之前也提到过，就是一个人的智力包括各个方面，还有就是必须平衡一下言语测验和非言语测验（也就是空间操作测验），前者必然与个人的文化密切相关，而后者与文化、语言和教育因素的联系就没那么紧密。

然而，人们期望一个人在各个测验中得到的分值差不多。另外，如果言语量表结果和同一个测验中的操作量表结果的差超过10以上，则不能统计智力全量。两者差太大其实就意味着个体很有可能在某一方面有生理缺陷，所以分值才会被拉低（视觉有问题，操作量表值就会低，或者言语有障碍，言语量表值就会低）。因而，在任何情况下这两个量表值的平均值都不能反映个体的整体智力水平。

智商测验的是什么

智商这个问题越来越频繁地被提到，那是因为智商指数并不直接考查智力，也不能真正考查常识或者认知能力，而是对这些能力加以运用的能力。

然而，就像前面强调的一样，没有任何事物能准确地说明智力量表测量的是什么。因而，智商与使用的测验、测验情况、实验者态度和个体在接受智力评估时的精神状态有很大关联。另外，使用的测验任务会涉及感知（视觉和听力方面）、语言、肢体运动能力，注意力和主动性，而测验结果会因为这些方面的机能障碍而被影响，但是智力才能并不会因此被质疑。

智力缺陷是什么？

智商与在测试过程外个体如何使用智力没有什么关系，而只有当个体智商是正常的或者智商高的时候，智商才有用处。这可以确认一点，个体没有智障，他能解释自己在测试时的困难。实际上，低于平均数的智商很少可以从根源上确定个体有某些障碍，原因很简单，就是各种智力效能测验的结果可能会被很多跟智力关联不大的因素影响，分值被拉低，比如身体疲惫，担心心理状况引起智力发挥不正常和感知或运动障碍，这都会妨碍感知或者影响测验任务的完成。

考虑到目前智力测验量表包含了感知、言语和运动方面的测验，所以很难测验在一个或几个方面有严重障碍的个体的智力才能。很不幸，必须得承认，有这种类型障碍的病人，最常见的就是神经受损的病人，因为这种缺陷，就会被认为智力差。但是，一些实验研究证明，根据测验结果，我们可以推断出智力上被认为有障碍的病人的智力水平低下，而这和病人身上无法忽略的实践应用能力、学习能力和解决问题的能力之间有很大的反差。我们之后还会再来讨论这些。

高昂的标准化

一直以来，智力测验的研究者都想把人数多的标准样组人群测验标准化和规范化，并极大地限制大家的测验通过率。这种做法我们可以称之为标准化。这样做的话，不管接受测验的个体是哪国人，说什么样的语言，他被测验时的环境是怎样，他都得在测验时接受同样的要求和条件。这些严格的规定最初是进行测验用的，但它极大地限制了测验在运动、手势、言语、文化或感知有障碍而不是任何一种智力有障碍的个体身上的使用。

因而，尽管测验对象的母语不是法语，或

者测验对象有任何某种影响他理解或者完成任务的障碍问题，比如听力困难、运动障碍、身体姿势不协调或者注意力不集中，实验者既不能重复这些测验的规定，也不能调整测验内容，比如给测验对象加一个测验内容，向他展示应该要做什么。不管被测验个体有什么困难或障碍，他的测验结果都会与一个参照样组的群体测验结果进行对比，这个群体的母语就是测试时使用的语言，并且这个群体没有任何的缺陷。因此，我们可以想到，如果一个个体有某种任何性质的问题或者障碍（当然除了纯粹智力问题外的其他问题），我们都不应该给他做智力测验。但是，如今我们却背道而驰。任何在学习上有问题的小孩，不管是什么样的学习问题，或者是任何一种不管是否是神经根源上的障碍，他们都会被提议去接受智力量表测试。然而，显而易见，他身上的这种障碍必然会阻碍他完成这些测验，因为人们不是为了或依据与测试对象有同样问题的参照样组来制定或者来开展测试的。尽管这看起来奇怪，但日常操作方面的测验不仅会用在这些有各种不同障碍的小孩身上，还有往往他们得到的测验分值——智商会决定他们的学业方向，甚至决定了临床上的调整和给小孩提出的帮助。

有什么证据能评价这种挑战逻辑的做法是正确的呢？极有可能要以这个事实为佐证，就是如今我们所说的各种学习困难，比如诵读困难、书写困难、计算困难、运用障碍和言语困难等等，这些定义包括了在没有智力障碍的情况下也有可能会有获得某种能力的困难（这些困难分别对应了阅读能力、书写能力、算术能力、肢体表达能力、语言能力等等），因此，让儿童完成这些测验的目的就是必须让这些小孩排除智力上的障碍问题。但是怎么能想象，一个有严重语言障碍的小孩去做一个在没有任何言语障碍的儿童群体基础上建立和规范的智力量表，并且由这个智力量表对其做出评判呢？无论如何，这似乎都不能动摇心理学家的做法和相关机构根据他们的得分情况调整对这些小孩的看护和教育。

另外，这个接受所有测验的儿童自己的反应能说明什么？他自己知道这些测验都是用来测试他的智力效能，并且他会因为其他纯机能的障碍导致测验失败。很不幸，这种情况越来越常见了，使得人们要深入思考在机体有障碍的小孩身上如何使用这些测试。如果说测试必须是用来排除智力缺陷，那么只用当它测试的智力水平和个体年龄相符的时候才能使用这个测试。如果他的分值比预期值低些，那这就没有什么用，甚至都不应该把结果告诉小孩和他的父母或者学校。原因很简单明了，就是一旦分值低于平均分，就没办法分清楚这是纯智力的缺陷还是机体障碍或者是动机、情感或文化因素影响了测试的结果。

这也就是为什么有时个体会在不同时期接受同一个等级的测试。反复做这个测试的目的不是把他与参照样组进行比较，而更多的是与不同时期的自己进行比较。临床专家给他们做这些测试时要评估的是病人在他们纯机体障碍逐渐减弱时，他完成智力效能测验任务的能力。

我们都明白，即使在这种特殊的情况下，智商测试也背离了最初目的，因为我们此时测验的不是智力效能，而是让他有可能尽量好地回答那些能测量智力的问题。因此这产生了一个问题，就是如何通过专门的训练提高他的智商，就好像我们在努力训练或者训练失败的时候，因为有了适宜的学习才能获得进步。我们之后会来讨论这点。

现在为什么要测智力

在如今的社会，为什么总是常常用到智商测试？

智商：智力低下或者智力早熟

我们之前提到过，比奈量表试图做到因材施教。因此，当时大家就认为必须根据小孩的智力水平对他们进行比较。智力水平最低的小孩因此被看成有轻微、中等或者严重智力低下或者智力发展迟缓。尽管几十年来，智力低下和智力发展迟缓的说法已经被摒弃了，但是现在智商还是经常被当做诊断的标准，这样可以确认个体相对预期的差距（不管这种差距是智力缺陷还是智力早熟），尤其是对那些给有严重问题的学生（不管是有各种智力障碍还是智力早熟的学生）提供专门教育指导的行政委员会来说。

正式点来说，智力发展迟缓或者智力缺陷

的概念被智力低下概念替代了。这种说法的变化可能是为了避免大家认为智力低下就足以得出心智缺陷的诊断。大家认为，智力低下指全量得分低于 69。我们估计一个年龄段有 2.2%的人会得到这个分值。就如之前强调的一样，这个分值线是约定俗成的，但是这个没有任何认知功能方面的确切论据支持，得到这个分值也可能是因为纯机体障碍的原因，所以个体难以顺利完成测试。因此，如果一个人的智力效量表的测试分值低，就必须要加上一系列可以让大家弄清楚隐藏的相关障碍性质的其他测验：这到底是单纯智力问题，还是与完成测验任务所需的其他功能程序有关呢？其实在已经被诊断为智力缺陷的儿童群体里，我们不难发现有些小孩有未被诊断出的感知障碍，这种障碍或许与感受器官受损有关（比如视力不好和听力障碍），或许与中央神经受损（大脑）有关。

如果智商总量大于或等于130，那么就可以诊断为智力早熟。和智力缺陷一样，智力早熟的比例也占到一个年龄段的2.2%，但是这个分值并不意味着个体有特殊的认知功能问题。另外，这个分界线值并没有得到一致认可，要断定为智力早熟必须达到的最小分值也没有达成共识。

另外，需要确认一点，不管是智力缺陷还是智力早熟，目前都没有一个明确的分值、特征或者界限可以让大家正确又正式地确认是某种心智机能问题，这种心智机能问题或者是在定量上，或者是在定性上低于或高于标准，或者与标准不同。因此，这些测量都是主观和自

由意识决定的，它们和测试本身、参照人群和

使用的标准有直接的关联。

使智力测量产生偏差的因素

我们之前已经说过了，要把真正的智力障碍与测量智力的困难区分开仍有困难。这也是对智力测验提出的最严厉批评之一，因为大量的因素可能会导致智力效能测量结果出现偏差。

　　韦克斯勒认为，智力是个人行动有目的，思维合乎现实，有效应对环境的能力。他认为理智的行为在完成一项需要克服困难，解决问题，非常快速确信能适应且有效适应新情况的任务过程中可以被测量。在智力测验的过程中，个人如果回答问题快速正确又合理的话，就能确保得到好的分数，那么对应的智商指数也比较高，这说明他有一定的智力。但是如何解释我们无法解决测试中的问题呢？测试分值低是否必然意味着智力水平低下？或者说我们的测试结果会受我们的身体、情感或者动机因素影响而降低呢？

身体、情感和动机因素

　　人们经常会忘记我们的认知表现与一系

列因素相关，不是所有这些因素都与自身的智力效能有直接的关联，还与我们的身心状况有关。大家也知道任何身体上的伤害都会影响我们在测试中的表现，比如注意力、推理或者记忆，就好像饮食上缺乏某种物质，或者缺少睡眠，甚至是过度使用某些物质（比如酒精、安眠药、毒品等等）都会影响到心理机能。尽管如此，让一些小孩和成年人接受测试却不确认他们当时是否睡好了，是否吃了早餐，甚至是否身体不适或者情绪激昂，这种情况并不少见。显而易见，在这些情形下，这些测试的有效性有很大的争议。与这个完全相似的是，一个人在长期停止工作后，甚至是在休完产假后会出现假性心理能力退化。这强调了智力效能的测验结果在多大程度上受我们的关注力、理智和记忆力在日常生活的应用和训练的影响。

另外，我们的认知表现与我们的情感和动机因素有直接的关系。因此，任何让人抑郁消沉的情形都可能改变能力的运用，进而改变智力效能测试的结果，也就是我们的智商。因此我们认为，任何的抑郁综合征除了情绪变化，有失信趋势现象外，还伴有或多或少比较严重的运用认知功能的障碍。这不是真的关系到认知改变，更多的是因为缺乏可用智力和缺乏调动自己才智的动机的直接影响。认知障碍涉及心理活动的各个方面，比如专注力、执行力、决策和记忆。必须要承认不管在儿童、青少年还是成年人身上都可能会出现这种情况——我们把它描述为一种真实的假性抑郁痴呆，这种病症经常与器质性智力退化混淆。

抑郁性假性痴呆这一术语指临床上在智力测验中个体变得消沉，但不像阿尔茨海默症那样痴呆的器质性病变导致的认知能力下降。有抑郁性假性痴呆症状的病人来看病的时候，当询问是不是阿尔茨海默症而变痴呆的时候，病人往往都会自动地表现出认知上的抱怨，并且表现得很焦虑。在给病人做诊断的时候，结合临床交谈和神经心理学知识对病人的病情进行评估，可以帮助区别这是因为情绪焦虑忧郁而暂时不能使用认知能力还是因为损害了认知能力的真正器质性病变。这种抑郁性假性痴呆难以与真正的器质性病变导致的抑郁区分开来，还因为在快要出现器质性病变病症的时候，病人有时也会有抑郁症状。

一方面，临床交谈可以了解难以发觉的心

理状况，另一方面，根据智力效能测验结果，我们经常可以看到，一些容易的题项答错了，而一些难的题项却答对了，这种情况我们可以推断出这是一种心理障碍而不是器质性病变病症。另外，最常采用的治疗也是结合了心理和药物（抗抑郁药）治疗，这种结合治疗往往可以在改善病人情绪的同时，还可以提高智力效能测试的分值。

在某种情绪下或者很难控制的社交情境下，我们难以发挥我们智力才能的时候，我们能理解当个体在某些情境下因为周围人的智力水平低而感到安全的时候，他的智力有时会被拉低。事实上，如果说智力被看成一种适应环境的能力，那么准确地说我们不仅要适应我们生活的自然环境，还要适应我们的社会和人际环境。

因此，我们必须要一直把我们的想法与周围人的想法进行比较，并且需要做出改变使之适应环境。因而，我们要设想我们周围的环境如何改变我们智力才能的表现。比如在测试的过程中，我们可以在儿童或成年人身上看到智力抑制的现象，这些儿童或者成年人在课堂上或智力测验中的表现都会因为老师或者提议给他们做测验的心理学家的期待而变化浮动。实验者对被测验者的期待效应在20世纪60年被美国心理学家罗伯特·罗森塔尔详细研究过了。如果这种效应是积极的的话，他把这种效应称为皮格马利翁效应，而如果是消极效应，就称为戈莱姆效应或者皮格马利翁反面效应。罗森塔尔指出，如果我们完全随意地将一个班的学生分为好学生和坏学生，我们认为一些学生在受教育上智力水平低，而另一些学生智力水平高，几个月后，那些被认为智力低下的学生的测验结果比那些被认为智力高的学生的测验结果要差得更多了，可是这种分法完全是随意的。随后又进行了一次这类实验，实验结果显示，教师的期待，甚至是实验者在测验中表现出的期待都会影响个体的表现。很显然，个体会表现得符合大家对他的期待。这种现象可以解释为智力抑制，就是个体在完成解决问题的任务（尤其是在测试的时候）过程中，智力水平呈现被拉平的趋势，这些个体因为周围环境的反向期待而不允许自己表现自己的智力。这种现象尤其会出现在那些所谓智力早熟而不被承认智力提前发展的儿童身上，甚至出现在身处比起有利于发展个体纯推理能力更能发展个体实际动手能力的环境里的儿童身上。这些智力抑制的现象也会出现在因为挑衅者诽谤而长期被困扰的个体身上，他们的智力就会下降，甚至在测试的过程中他们无法使用和表现他们的能力。

这些智力抑制的现象应该要得到心理学家、教育学家还有评估专家的认可，这样可以减少将这些现象与低水平智商混淆的可能性，此外，评价一个人智商低只会继续导致智力抑制现象的出现。

趋向智力的动态评估

一直以来，一些心理学家都热衷于寻找其他方式来测试一个人的学习能力，或者说是一个人利用一种学习或者教育的能力，而不是完成被认为能测量智力的任务的能力。

这就是20世纪初瑞士心理学家安德鲁·雷（André Rey）所说的"可教育性"。他认为，学习潜能更多是指纯智力的一面，而不是指常用智力量表能测量到的，这种考量智力才能的方式可以被看成智力的动态评估。

这个概念也指导了其他心理学家的研究，比如刚刚去世的以色列心理学家鲁文·福印斯坦（Reuven Feuerstein）。在20世纪40年代末，福印斯坦对战后幸存下来移民到以色列的一些年轻人做了大量的智力效能测验。他做这些测验是为了给他们的学业或者就业提供指导。面对这些并不能合理反映这些年轻人智商水平的测试结果——智商低，福印斯坦设计了一整套测试，目的不是测试之前提到的那些被认为与文化和言语紧密相关的，用来解决问题的言语能力和空间操作能力，而更多的是测试这些年轻人的学习能力，这种学习能力被他称之为"学习潜能"或者"学习潜能评估程序"（简称LPAD），这是一种更加动态的智力观。

学习潜能评估测验的是个体的学习能力或者甚至可以称为认知可变性。这一研究与传统的用智商指数来衡量的智力测量相比，有一些优势。这个研究最初目的是在跨越文化偏差，避免个体偶然正确回答问题这种情况的同时，更全面、更有效地测量智力能力。因而，在不断重复动态评估机制的情况下测试个体的学习能力可以避免在参照样组测验里因为缺少某一部分群体参加某一测试所引起的偏差。另外，测试学习能力可以帮助区分两个能力都低的个体间的差别，这两个人到底是处在难以使用自己能力的困境还是因为重大缺陷导致智力能力下降。在第一种情况下，个体在完成任务获得程序的同时，智力会提升，而在第二种情况下，个体还不具有学习的必备资源，这种情况相对少些。

智力动态评估的研究还不是很成熟，因为它还有些不足。主要的问题就是难以培养临床专家应用完整而非标准的评估方法。这种评估没有被规范化，也没有对结果标准进行分类，这对那些有器质性障碍或者行为障碍的病人来说是一大优势，但是反过来说这也产生了一个问题，就是培训临床专家如何去测试，如何将一个测试中心的测试结果与其他中心进行比较，或者是把不同时期的测试结果进行对比。另外，我们所谓的"学习潜能"的智力动态评估并不对应某种智力理论模式，简单来说，就是不要把智力效能与完成智力效能测验的能力混为一谈。没有理论模式可能会限制这种动态测验的推广，但是不管怎样，它还是对传统智力评估的一种补充。

但是，既然提出了要区分真正的智力障碍与测量智力的困难之间的差别，那当务之急就是发展智力效能评估的方法。

智商在一生中
不断发展变化

在一个人的一生中，智商在不断变化。我们的智力才能从某一年龄开始就无法避免的下降吗？

　　如果要验证智力测试的准确度和测试结果在不同时期的稳定性，必须要在相同的条件下，间隔一段时候后对同一个体进行同一测试。这种测试的难度就在于必须选择一个足够长的间隔，这样个体就不记得测试里的问题内容和他之前给出的答案了，但是如果间隔太短，他的智力在这段时间就没有太多的变化发展。我们可能会认为，在某一确定的个体身上，智商数一直都是稳定的。但是智商似乎是在整个儿童时期不断发展，大概在 20 岁左右智商指数稳定下来，而在 50 岁~60 岁这个年龄段，智商下降。这种下降在实践操作量表部分的下降要比语言量表模块的下降要明显。至于语言量表模块，直到 40 岁，测试的分值都可能会上升，之后才会下降。这些数据意味着什么呢？智力测验方面的心理学家认为，这意味着与实践操作量表的那些次测试有关，或者说与这些测试内容有关的程序随着人的年龄增大而出现退化，比如速度和灵活性，或者说是从一个任务过渡到另一个任务的反应能力，或者甚至是关注力或短时记忆力。从批判角度出发考虑，这些智力量表的测验结果到底在多大程度上与智力以外的其他机能有关呢？于是再一次提出了这个问题，就是在这些测验中测试的到底是什么。如果更多地从概念角度去看，在限定的时间内完成一些测验，比如韦氏成人量表的次测验，当个体做得慢了，人们可能会分不清楚这到底是真正的智力缺陷还是回答慢，在老龄化过程中，可以经常看到后者。这样的研究也许可以让我们得知，老龄化伴随着智力效能不可避免的下降，但是相反地，在其他的文化里，说某人"年长"就意味着他有某种智慧，因而年长就意味着智力的积累，因此根本不需要担心他们在回答某一问题时回答时间长了。这些智力量表用同一种方式来设计，这决定了每个年龄的测验结果，还有我们必须要对智力能力做终生评估。

电话正中的我们呢

而让其中的

测试表现

学业顺利和工作有成

模式化

心理活动

可以提高智商吗

这个问题是大多数人都会问的一个问题。

不可否认，练习一门乐器或者在某一方面有所训练可以改善提高我们平时的表现。同样地，智力测验的表现也可以通过练习得到提升，因而出现了大量的专门针对想提高这些测试分值甚至是智商指数的人的网站和手册。但是，我们可以发现一个很有意思的事，在记忆数字和单词这部分，一个测试表现的改善，比如记忆数字数量这部分的测试，由之前能记忆7个数字到后来能记50个数字的变化却并没有提高测试分值。因此，从一项任务到另一项任务并没有发生什么转移，也没有发生一种刺激类型到另一刺激类型的转移。这关系到这些测试到底测的是什么的问题：可以肯定的是并不是某种笼统形式下的智力，要不然对某个测试内容进行训练就可以改善所有类似测试的结果。

另外，就是训练能提高测验结果这个事实说明，这些测试在多大程度上测量了我们顺利通过这些测试的能力！

智商与学业顺利和工作有成有关吗

很多作者都曾经试图把智商指数与儿童的学有所成和成年人的工作成就关联起来。人们怎么看这些研究？

这方面的研究成果存在矛盾，我们不能在智商数与学习水平和之后工作上的成就之间建立某种确定的关联。另外，现在我们知道智力早熟的小孩会出现某些学习障碍，他们的学业成绩相对较弱。这些障碍有时候太明显，以至于掩盖了智力早熟的诊断。因此，我们会接待一些学习上有很大困难的儿童，他们来做咨询，他们家长会要求做一个智力测验，然后给出一个智力上的结论，他们的目的是想排除孩子存在智力缺陷的可能。这种情况不少见。但最终测验的结果却是他们的智商指数高于平均值。这些儿童有时表现出的特征与智力测验合格情况应有的特征不一致，他们的言语能力过高，而视觉空间操作能力却过低。造成这种障碍的原因不是很清楚，但是人们经常推断出，这些儿童需要足够复杂的任务来调动他们的注意力完成一项任务。另外，提出这种推断也是为了解释为什么某一个体测试分值表面上看上去与各种次测试相矛盾。实际上我们也常常发现，个体在做智力效能测验时，可能表面看起来复杂的任务完成得要比简单的任务完成得好。这种情况会出现在这样的人身上，他们觉得把一系列数字按同一顺序排列的难度大于把这些数字按原来顺序再排列，然而前者任务看上去要比后者任务要简单一些。因此，我们可以想象从完全非直觉的方式看，高智商反而会影响个体完成太简单的任务，他没法集中注意力，测试分值就会低于平均值。大家都明白，把智商的测验和任何一种成功形式联系在一起，这本来就靠不住。

另外，并没有官方的证据显示天才拥有异乎寻常的高智商。但是反过来，一个人智商很低不一定意味着没有智力，这确实是真的。还有一个佐证，我们之前也提到过，就是做那些认为能测量智商的测验做得不好可能不是智力缺陷导致的，但是与感知能力、运动能力和语言能力缺陷有关，因为这些能力是智商测验需要的。假使可以评估智力的话，也很难把智商与事业有成关联起来，这其中一个原因是不可能消除社会文化因素对智商测量和事业成就的测量的影响。

抽象情境与具体情境

一直以来，智商的研究对科学的影响和对社会政治的影响一样多。几十年来，智商测验和广义上的智力测验类的出版物和手册很畅销。
这很大程度上是因为测试的过度使用，一是用
在儿童身上，帮助他们决定学业方向；二是用
在成年人应聘的时候。就如我们之前看到的那
样，智商高低并不能完全预言个人的学业成绩
或者职业成就，所以这样过度使用这些测试就
显得很奇怪。甚至有时候会出现相反的情况，
就如我们上面刚刚提到过的，很多智力早熟的
儿童可能有无法忽视的学习障碍。另外，大家
知道，对智商量表中的某一单独次测试加以练
习的话，比如记忆数字这个次测试，这部分测
试的分值就会提高些，但是这并不会改变其他
次测试的得分或者是用其他要素做同一个次测
试的分值（比如把记忆数字换成记忆字母）。那
么，怎么能想象智商数就能预测一个员工的能

力是否能胜任某一确定的职位？而这个职位要求完成的任务与智商测试中完成的任务完全不同。这是针对不同人群做的各种研究结果，比如对巴黎街头贩卖的年轻人的研究。这些年轻人表现出非凡的心算能力，但是他们做智力测验里的算数题时，他们的得分就明显低于他们这个年龄组的期待值了。总的来说，在测试中让个体用抽象的方式去解决一个问题，他们的表现和在某种自然情境下用具体的方式解决同一问题的表现没有什么关联。因此，我们要质疑在招聘的时候，人事部门使用智力测验的有利依据是什么，那些智力测验可能只能突出他们在抽象情境下使用智力的能力，而可能并不涉及他们在具体情境下使用这些智力的能力。

我们对未来有什么期待

如果说智力是运用我们的能力解决问题或者回答问题的话，那么我们对智力这一主题本身就要打上很多疑问号，这些疑问应该可以刺激我们的智力才能。

近些年，一些发达国家政府把一切研究都
集中在大脑模式化上了。目前，在美国有两个
人工智能项目，而在欧洲，认知神经系统科学
方面的研究者没有一个统一的研究方向。尽管
这些研究计划可以通过建立大脑主要机能模式
化的可能性让我们了解自己的大脑。主要机能
包括复杂的综合机能，比如意识或推理，但是
这些研究似乎忽视了人类智力一个基本的构成
成分，这种成分存在与我们心理活动其他方面
复杂的互动中，比如动机，意愿，决心或者是
我们的感知和反应的情感情绪，这些都是不容
易被模式化的。尽管这看起来很奇怪，但是目
前认知学方面的研究极少。认知学的研究目标
是弄清楚我们的情绪可以怎样推动或者阻碍我
们解决问题的认知程序。然而，大部分来接受

智力测试的儿童都是一些人们没法对他们做出智力缺陷的诊断但他们中大部分又都有学习困难的儿童。尽管我们用一种完全类似的方式承认有抑郁性假性痴呆或者智力抑制的现象，但还是难以理解心理因素如何影响我们智力才能的正确使用。

尽管模拟和模式化认知功能和大脑区域给我们带来了很多关于大脑的认识，但还是有必要在涉及我们心理活动临床和解读方面的各个学科间进行更大的合作。这样可以发展一种综合了与智力或意识一样复杂功能的研究。另外，尽管我们一直没有真正地了解智力测试的有效性，我们在面对智力测试的使用情况时，我们也应该要表现出更大的谨慎。一旦确定存在机能障碍，就不要再进行这些智力测试，这至少可以避免智力缺陷这个错误诊断带来的灾难性影响，不应该歧视那些按照标准要求无法完成测试的人。最后，还要考虑到人们现在所说的之前提到过的"弗林效应"，这种效应指在大部分国家里，人们的智商指数一代比一代高。"弗林效应"可以让我们理解这些测试测验的内容没有那么明确，是不是涉及我们完成这些测试的能力而不是智力本身还不得而知。

几十年来，我们的智力观和智力测量观主要指向智力才能是一种天生又固定的概念。而使用测试是因为对智力的测量和个体的对比有兴趣。在接下来的时间里，应该要期待在智力测量领域加入最新的认知神经科学研究数据。在这些研究里，一方面我们要提到隐性或者没有意识到的认知程序，另一方面我们个人的经历会影响大脑自我调节的能力，这就是大脑可塑性。

确实，我们可以发现，甚至可以直观分析一条信息，却没有对这条信息产生意识。同样地，脑电图（简称EEG）的记录可以探测出在我们意识到我们将要摆动手之前，我们大脑里负责这一运动的大脑区域里的活动情况了。因而，我们会发现，我们完全没有意识到一些甚至是健全的认知程序。但是，智力效能测验里的测试只能测量我们用直接明了的方式使用认知程序的能力。还有，关于大脑可塑性的研究显示，我们的大脑总是可以根据我们一生会面临的所有情境做出调整，所以我们怎么能把智力概念转化成一种不变的确定能力呢？

因此，我们可以期待把这些概念融入传统

的智力测验研究中，并且设计出的测试只能评估我们部分认知程序在具体情境下的用处。另外，思考如何改善提高一些低于期待分值的能力才更适宜。因此，我们可以期待这方面的研究能结合智力效能测量与其目的用途。将两者关联起来可以让单独的测试有意义，且这种单独的测试只用作智力评判。鉴于大脑有可塑性，为了对认知程序再次进行机能训练，或者为了帮助每个个体更好地运用自己的能力而对智力进行测试，也许是神经心理学上一个新的挑战。

专业用语汇编

心理年龄

心理年龄指的是智力发展程度。这是由测量智力的测试得出。

皮格马利翁效应

在教育学上，皮格马利翁效应，或者罗森塔尔效应又或者雅各布森效应，指尽管老师对学生的期待是完全随意的，学生也能做到符合老师的正面期待。

皮格马利翁反面效应

皮格马利翁反面效应或者戈莱姆效应，指尽管老师对学生的消极期望是完全随意的，学生却表现得符合了老师的消极期望。

智力的动态评估

这种评估与传统的智力研究不一样，因为动态评估的目的是评价个体从自身所处的学习环境中获取益处的能力。它评估个体的学习潜能，在必要的时候，这种评估可以给实验者提供帮助，实验者甚至可以重复测试规则要求，这在以前常见的智力研究中是不被允许的。

人工智能

设定计算机程序来完成一些一般由人类完成的任务，这需要高水平的智力程序。

大脑可塑性

大脑在学习和经历的作用下自动调节的能力。

智力早熟

儿童的智力早于自己的生理年龄。

智力测验

智力测验指心理学上运用所有测量技术的研究总称，还包括这些智力测量的设计，以及让这些智力测量有效使用的技术。

智商

智商，简称 IQ，是德国心理学家威廉·斯特恩 1912 年提出的，智商指个体心理年龄与生理年龄的比率。智商可以通过智力测验得出，智商数被看做个体的智力水平。

大脑皮层功能定位理论

该理论指大脑中某一确定区域与某一固定的认知机能相关的理论。

图书在版编目（CIP）数据

我们真的可以测量智力吗 /（法）西尔维·科荣著；何素珍译 . —上海：上海科学技术文献出版社，2016
（知识的大苹果 + 小苹果丛书）
ISBN 978-7-5439-7187-5

Ⅰ.① 我… Ⅱ.① 西…②何… Ⅲ.①智力测验—普及读物 Ⅳ.① G449.4-49

中国版本图书馆 CIP 数据核字（2016）第 199914 号

Peut-on mesurer l'intelligence ? by Sylvie Chokron
© Editions Le Pommier - Paris, 2014
Current Chinese translation rights arranged through Divas International, Paris
巴黎迪法国际版权代理（www.divas-books.com）

Copyright in the Chinese language translation (Simplified character rights only) ©
2016 Shanghai Scientific & Technological Literature Press

图字：09-2015-808

责任编辑：张 树 王倍倍 封面设计：钱 祯

丛书名：知识的大苹果 + 小苹果丛书
书 名：我们真的可以测量智力吗
[法]西尔维·科荣 著 何素珍 译
出版发行：上海科学技术文献出版社
地 址：上海市长乐路 746 号
邮政编码：200040
经 销：全国新华书店
印 刷：昆山市亭林彩印厂有限公司
开 本：787×1092 1/32
印 张：3.625
版 次：2017 年 1 月第 1 版 2017 年 1 月第 1 次印刷
书 号：ISBN 978-7-5439-7187-5
定 价：18.00 元
http://www.sstlp.com